«Überall ist es besser als im Tod»

(Die Bremer Stadtmusikanten, als sie sich auf die Suche nach einem besseren Leben machten)

Eine depressive Störung ist wie ein Funkloch beim Handy: Nichts geht mehr richtig rein oder raus. Das ist zum Verzweifeln, aber kein Grund, das Handy oder das Leben wegzuwerfen. Es braucht ein paar Schritte in die richtige Richtung, damit alles wieder normal funktionieren kann.

Schwarze Schatten

Von Susanna Heimgartner (Text) und Karin Schneider (Zeichnungen)

schul verlag

Für inhaltliche Anregungen und Begleitung ein herzliches Dankeschön an:

Marius Brun del Re
François Chappuis
Dylan Dreja
Martin Jann
Heinz Krautter
Sabine Rudin
Martina C. Schuler
und an all die Jugendlichen, deren Erfahrungen in diese Geschichte einflossen.

Für die finanzielle Unterstützung geht der Dank an:

Migros Genossenschafts-Bund MGB
MIGROS
Kulturprozent

Impressum

Schwarze Schatten
Susanna Heimgartner (Text)
Karin Schneider (Zeichnungen)
Gestaltung: raschle & kranz GmbH, Bern
Korrektorat: sprach.bild, St. Gallen

schulverlag

1. Auflage 2004

Art.-Nr. 6.069.00
ISBN 3-292-00342-3

Hey Julia, hey Laura. Kommt ihr auch baden?
Cooler Typ, dieser Fabio.
O.K., Laura, gehen wir?
Keine Lust.
Dann eben nicht.
Mit meiner Figur ...

Wenn ich die Mens habe, läuft bei mir gar nichts – ausser dem Blut.
Nur während der Mens?
Ob bei mir alles normal ist?
GARAGE ROHR
Hey, Laura!
Fabio! Was machst denn du hier?
Ich arbeite da – und du?
Ich habe da vorne Ballettstunde.
Ballett? Cool. Magst du auch Hip-Hop? Am Freitag ist ein heisses Konzert im Jugendhaus.
Hi Julia, Fabio ist am Freitag im Jugi/ gehen wir?
Option Löschen

Wo ist mein Bier?
Fangt jetzt nicht wieder an.
Schon wieder weggesoffen. Kauf dir dein Bier gefälligst selbst!
...genug Lohn...
... mickriger Lehrlings-lohn...
Peng!
Saugoof!
Beruhige dich.

Hoi Rafi, ist Mami nicht da?
Doch. Und ein Mann!
Laura, ich möchte dir Daniel vorstellen.
???
Hallo Laura. Schön, dich kennen zu lernen. Ich habe viel von dir gehört.
Ich mach mir was zu essen. Ich will an ein Konzert.

Isst du nicht mit uns?
Ich habe mit Julia abgemacht.
Kannst du mir 20 Franken geben? Es kostet Eintritt.
Aber um zwölf bist du zurück!
Depp. Was will der hier?

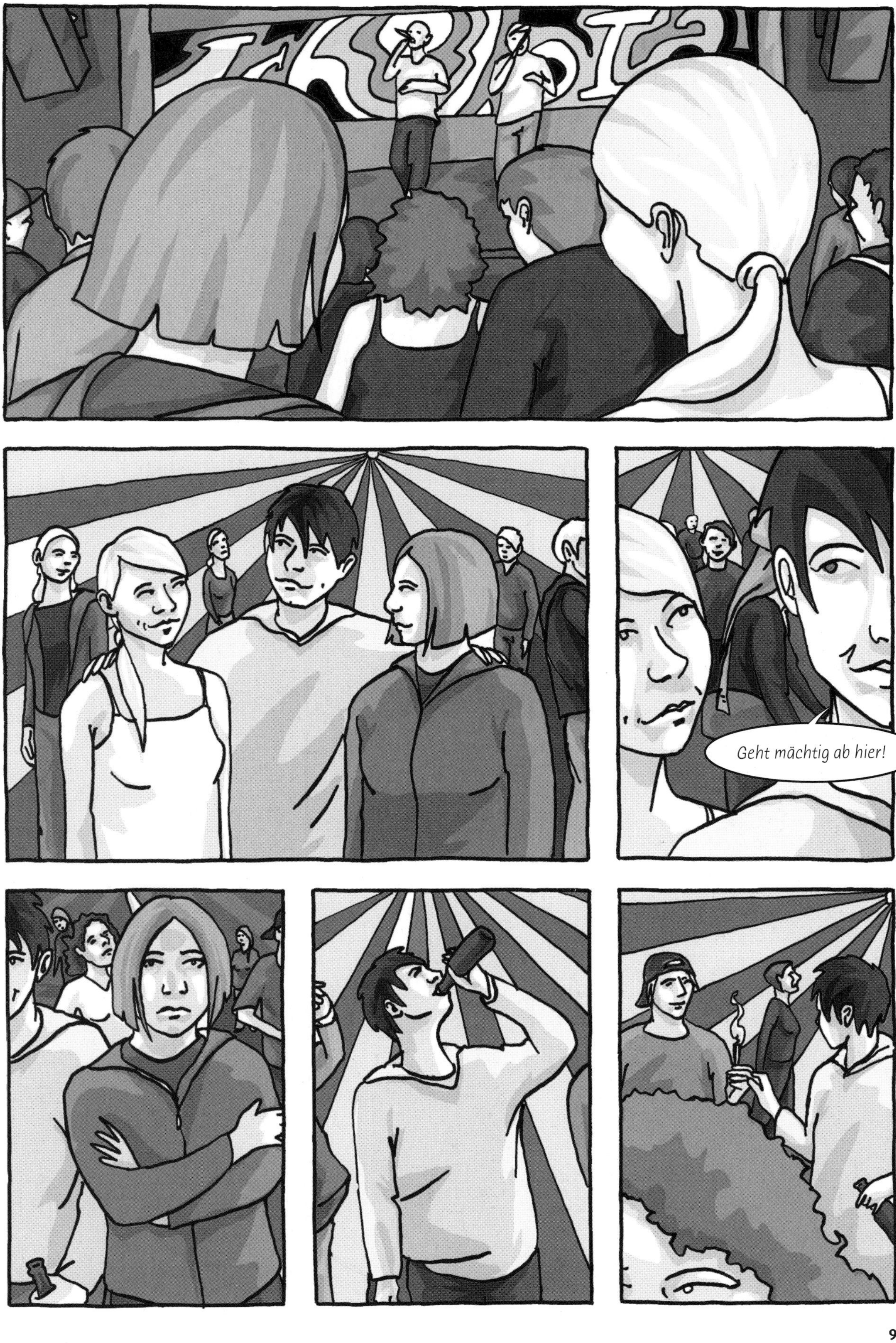
Geht mächtig ab hier!

Mir stinkts, ich hau ab.
Ist das nicht Fabio?

Der Idiot ist noch hier.
Das Tagebuch ist mein einziger Freund.

Laura wach auf. Wir machen ein Picknick.
Hau ab, ich will schlafen.
Laura, steh auf. Wir fliegen aus.
Schade, an einem so schönen Tag!
Geht ohne mich. Ich muss für die Schule büffeln.
Da gehör ich nicht dazu.

Lauras Lebenslust scheint einzuschlafen. Mit ihrer trüben Laune fühlt sie sich ausgestossen, und so verkriecht sie sich – niedergeschlagen, traurig und allein. Ihre Gedanken gleiten davon, sie kann sich auf nichts mehr konzentrieren. Abends kann sie nicht einschlafen, am Morgen kommt sie nicht aus den Federn. Müde und ruhelos schleppt sie sich durch den Tag, ohne Lust auf irgendetwas. Pessimistische Gedanken kreisen in ihrem Kopf und quälen sie. Vorschläge oder Anregungen von aussen dringen nicht mehr zu ihr durch. Alles ist ihr egal. Sie hat ein Gefühl von Gefühllosigkeit. Sie ist von der ganzen Welt hoffnungslos enttäuscht. Was ihr früher Freude machte, lässt sie nun kalt. Mit ihrem Grübeln bleibt sie allein.

Wo warst du so plötzlich am Freitag?
Ich hatte keine Lust mehr.
Wie war es mit Fabio?
Der ist auch verschwunden. Ich glaube, er hat zu viel getrunken.
Ich weiss nicht mal, wo er wohnt, und bei diesem Wetter ist er nicht am See.
Aber ich weiss, wo er arbeitet.
Toll. Gehen wir nach der Schule hin?
O.K., wenn du meinst.

Das hätte ich nicht sagen sollen …
… sonst verliere ich auch noch Julia … an Fabio.
Na Laura, schon fertig?

Ich geh auf Probefahrt.
Hältst du die Stellung?
Kein Problem,
Herr Rohr.
Wow, ich bin allein!
Drriiing Drriiing Drriiing

Nein, Herr Rohr ist kurz weg. Soll ich ihm etwas ausrichten?
Moment, ich suche was zum Schreiben.
Hat der ein Chaos!
Was ist denn das?
O.K., richte ich ihm aus.

Voll krass!
Fabio, bist du da?
Ah, ihr seid es.
Hast du dich an der Party in Luft aufgelöst?

Ich hätte mich gemeldet, aber ich hatte deine Nummer nicht.
Danke, Julia. Ich habe kein Handy, aber ich rufe dich an.
Julia
Ich muss weitermachen. Mein Chef ist zurück.
So, hast du den Damen einen Mercedes verkauft?
Wir sind schon weg.

Hallo Laura, hast du gern Paella?
Mm.
Holst du uns eine Flasche Rioja aus dem Keller?

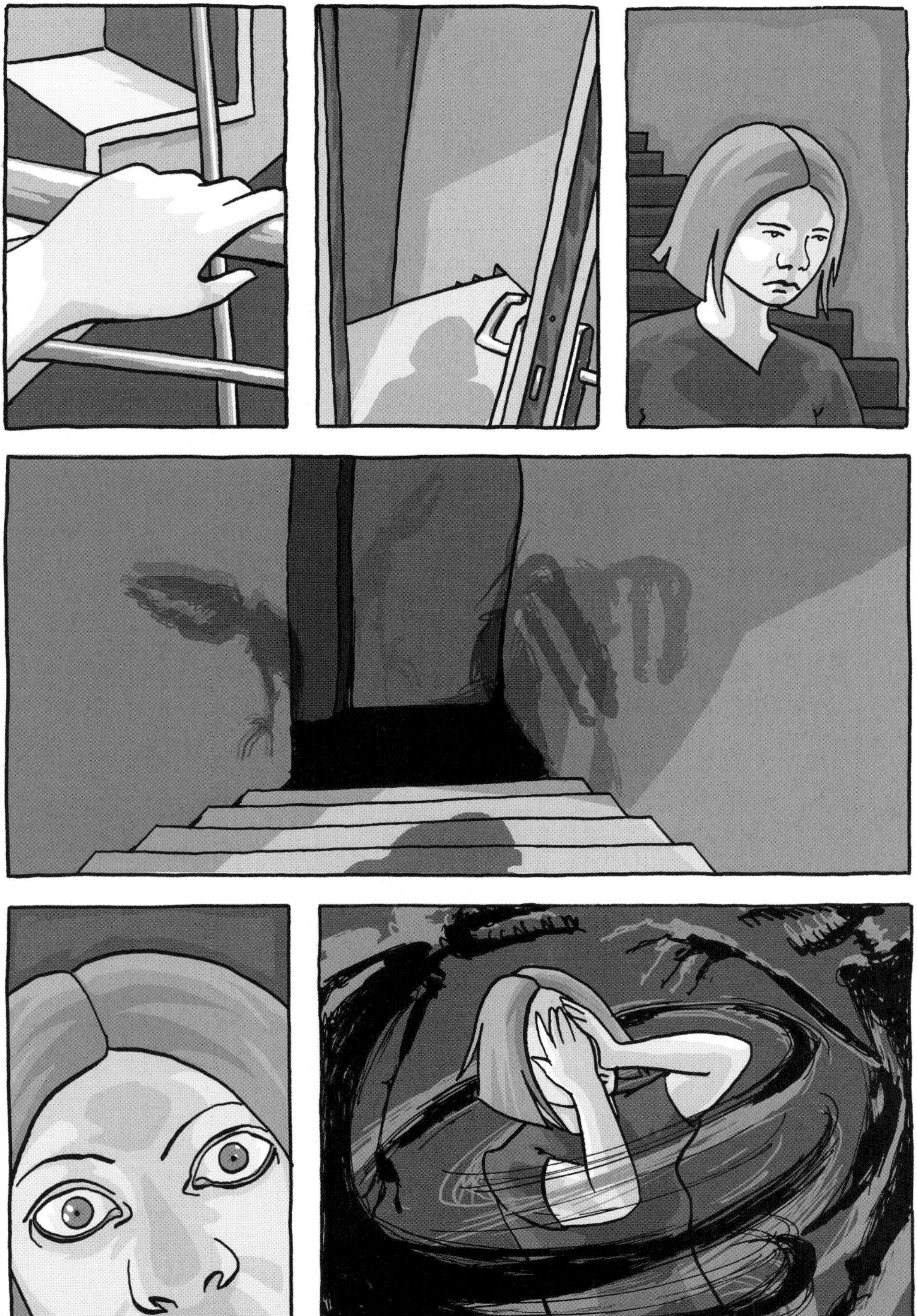

Bisher hatte Laura nie Angst, in den Keller zu gehen. Diesmal beginnt sie plötzlich zu zittern, bekommt weiche Knie und Herzklopfen. Es wird ihr schwindlig, und sie glaubt zu ersticken. Schlagartig wird ihr Zustand unerträglich. Laura leidet zum ersten Mal unter einer Panik- oder Angstattacke.

Jeder Mensch hat Angst vor gefährlichen Situationen oder bedrohlichen Ereignissen – das ist Teil unseres Alarmsystems. Lauras Angstzustände hingegen stehen in keinem Zusammenhang mit einer wirklichen Bedrohung. Etwa fünf Prozent der Menschen leiden an Angststörungen, die meisten reden aber nie darüber. Sie schämen sich, Angst zu haben vor so banalen Dingen wie dem Fliegen, dem Lift-Fahren, vor Mäusen oder Spinnen, vor der Höhe, vor engen Räumen und vielem mehr. In Zeiten von Stress treten die Attacken häufiger auf. In der Regel dauern Panikattacken zehn bis dreissig Minuten. Wenn sie vorbei sind, bleibt die Furcht vor einer neuen Attacke: die Angst vor der Angst. Es wäre hilfreich, darüber zu reden, aber Laura fühlt sich so elend, dass sie kein Wort herausbringt.

Laura, was ist los?
Ist etwas passiert?
Du zitterst ja.
Können wir etwas für dich tun?
Sag doch, was los ist.
Lasst mich. Es geht schon wieder.
Da stimmt etwas nicht.

… Prüfung zurück.
Laura, du bleibst noch kurz da.
Was ist los? Du bist doch sonst so gut?
Nichts.
War etwas?
Schlechte Note.
Was läuft mit Fabio?
Nichts. Ich rufe ihn bei Rohr an.
Ich geh dann mal.

Drriiing Drriiing Drriiing
Fabio, es ist für dich!
Hallo, Julia…
Fabio, es reicht!
Oh, ich muss Schluss machen.

Was fällt dir ein, so lange zu telefonieren?
Geht Sie einen Scheiss an.
Was ist das für ein Ton! Du bleibst heute länger!
Fassen Sie mich nicht an!
So nicht, Bürschchen. Nicht schon wieder!
Du brauchst gar nicht mehr zu kommen!

Klopf Klopf
aura, aufstehen!
Jeden Morgen dasselbe Theater!
Schon wieder ein Pickel…
… und diese Figur…
Komm, iss etwas. Ich hab
dir ein Brötchen gemacht.
Keinen Hunger.
Laura macht mir Sorgen.
Ach was, du hättest mich in diesem Alter sehen sollen.

Laura!
Hast du Fabio gesehen? Er meldet sich nicht bei mir.
Nein, wieso?
Auf dem Weg zum Ballett?
Ich gehe nicht mehr ins Ballett.
Warum nicht?
Keine Lust mehr.
Sollen wir nach der Schule in der Garage vorbeischauen?
O.K., wenn du meinst …

GARAGE ROHR
Was? Rausgeschmissen??
Mein Alter ist ein blödes Arschloch.
Rohr ist ein aggressiver Rüppel.
Mama ist eine dumme Kuh.

Tzzzzsch
Peng Peng
Wow, die ist geladen.
Feierabend…

Na, wie war es bei der Arbeit?
Wie immer …
Was heisst, wie immer? Rohr will den Vertrag auflösen. Wir müssen aufs Amt!!
Lügner!
Aus dir wird nie etwas!
Aber, Karl …
Du endest auf der Strasse!
Trink nur noch mehr.
Halts Maul!

Versager!
Fauler Hund!
Deine Schuld …
… härter anfassen!
Fabio, Papa ist weg.
Er spricht mit Herrn Rohr.
Da kann ich mich gleich umbringen.
Red nicht so blödes Zeug!
Ich meine es ernst.
So etwas sagt man nicht.

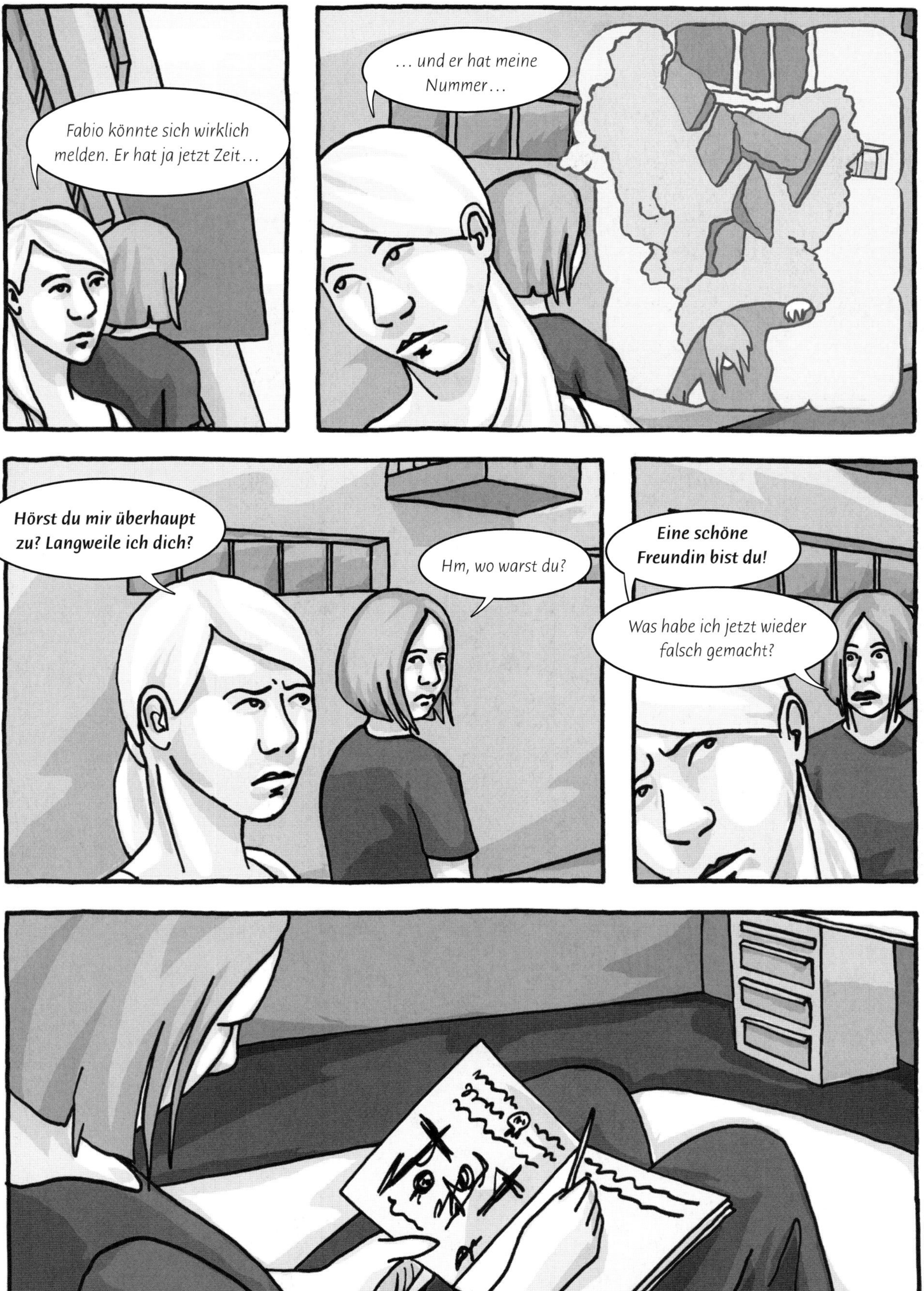

Fabio könnte sich wirklich melden. Er hat ja jetzt Zeit…
… und er hat meine Nummer…
Hörst du mir überhaupt zu? Langweile ich dich?
Hm, wo warst du?
Eine schöne Freundin bist du!
Was habe ich jetzt wieder falsch gemacht?

Julia fragt, ob du ins Kino kommst?
Keine Lust.
Willst du nicht mit ihr sprechen?
Nö.
Tut mir Leid, sie fühlt sich nicht wohl.
Glaube mir, da stimmt etwas nicht!
Hör endlich auf damit. Sie war immer ein stilles Mädchen!

Lauras Mutter kann – wie viele Eltern – die Notlage ihres Kindes nicht erkennen. Sie denkt sich, ihre Tochter sei nun einfach in der Pubertät, wo Verweigerung und Protesthaltung zur ganz normalen Ablösung vom Elternhaus gehören. Die meisten Jugendlichen sind in dieser Zeit schwierig, nörgeln, benehmen sich rüppelhaft, sind launisch und gereizt. Schliesslich spielen die Hormone verrückt und schicken die Gefühle der Jugendlichen auf die Achterbahn.

Die Mutter will sich auch nicht mit Vorwürfen und Schuldgefühlen quälen, da sie Laura immer nach bestem Wissen und Gewissen gefördert und begleitet hat. So missversteht sie Lauras Stimmung als ganz normales Zeichen der Pubertät und übersieht ihre Verzweiflung.

Tschüss, Laura!
Soll ich, soll ich nicht?
Wo ist es? Hoffentlich hat sie es nicht mitgenommen.
Hier nicht…

Da auch nicht…
Aha!
LAURAS TAGEBUC
TOP SECRET
Das hab' ich noch nie gemacht…
SHIT
+++
WARUM MUSS ICH NOCH AUFWACHEN !!!!

Geht's dir wieder besser?
Es geht.
Kommst du mit zu den Skatern?
O.K.
Warum seid ihr so trüb-sinnig? Ist was los?
Weisst du's nicht?
Fabio hat sich umgebracht.

WAS?????
Er hat sich im Wald erschossen.
Das darf nicht wahr sein!
Der hat's geschafft. Das will ich auch.

Mami, Laura ist am Schränklein mit dem roten Kreuz…
Was machst du da!?
Lass mich.
Laura. Mein Kind!
Ich kann nicht mehr.
Fabio hat sich umgebracht.
Ich hab solche Angst.

Laura braucht dringend Hilfe von einer Fachperson für Kinder- und Jugendpsychiatrie. Der **Hausarzt** ist nicht zuständig für psychische Probleme, aber er würde Laura eine ambulante Therapie verschreiben. Beobachten **Lehrpersonen** bei Jugendlichen eine psychische Krise, wenden sie sich an den Schulpsychologischen Dienst. Wenn das Gleichgewicht in der Familie aus den Fugen gerät, können **Sozialarbeiter** reagieren. Wenn jemand ausrastet und zur Gefahr für sich oder andere wird, verschreibt der **Notfallpsychiater** einen fürsorgerischen Freiheitsentzug. Eine Depression kann sich auch hinter Delikten verstecken. Dann handelt die **Polizei** kurzerhand mit Einweisung in eine Klinik. Die Therapie wird von der Krankenkasse bezahlt.

Daniel, der sich seit längerem Sorgen machte um Laura, hat sich privat von einem Psychiater beraten lassen. Mit dessen Vermittlung wendet er sich jetzt ans **Zentrum für Kinder- und Jugendpsychiatrie**.

sinnlos
freudlos
lustlos
interesselos
schlaflos
appetitlos
antriebslos
energielos
hoffnungslos
Du scheinst an Losigkeit erkrankt zu sein.
Gegen depressive Störungen kann man etwas tun.
Bevor wir Ordnung in dein Chaos bringen, stabilisieren wir deinen Zustand durch Medikamente.
Ich stehe nicht auf Medis… da paffe ich lieber einen Joint.
Dein Hirn ist wie ein Chemielabor, in dem ein einziges Röhrchen zur Zeit schlecht funktioniert. Mit dem Joint schlägst du die Mitarbeiter im Labor k.o., mit dem Medikament bringen wir das Labor in Ordnung. Ich erkläre es dir…

... Manche Menschen verarbeiten Schicksalsschläge leichter, weil ihre Botenstoffe im Hirn fleissig arbeiten und die Probleme entsorgen.

In einer Depression sind die Botenstoffe überfordert, weil der Problemberg zu gross geworden ist und sie mit der Arbeit nicht mehr nachkommen.

Die Medikamente ziehen die Botenstoffe aus dem Dreck und machen ihnen Beine, damit sie Erfahrungen und Eindrücke überhaupt wieder sortieren können.

Mit ihrer Hilfe sortieren wir in der Therapie die einzelnen Elemente im Berg, entsorgen sie oder bewahren sie auf.

Manche Probleme sind so gross, dass sie in der Therapie zuerst zerlegt werden müssen. Wie lange das dauert, kann niemand voraussagen.

In der Therapie lernst du dann, wie du dich verhalten kannst, damit der Berg nie wieder so gross wird.

Wer in eine Depression gerät, wird nicht automatisch in einer psychiatrischen Klinik behandelt – dazu gibt es viel zu wenig Plätze. Für die meisten Krisenfälle reicht eine ambulante Therapie, bei der man ganz normal zuhause wohnt, in die Schule oder zur Arbeit geht und in der Freizeit eines der lokalen Zentren aufsucht. Es gibt auch eine ganze Reihe von privaten Therapien.

Die Klinik bietet umfassende Behandlung bei akuter Gefahr. Überdies bietet sie vorübergehend einen Schonraum, wenn die Verhältnisse am Wohnort oder in der Schule unzumutbar geworden sind und daraus eine Depression entstanden ist. Es gibt geschlossene und offene Stationen. Und es gibt Tageskliniken mit Wohnmöglichkeit, in denen nur von Montag bis Freitag gearbeitet wird. Alle haben dasselbe zentrale Thema bei der Behandlung: Warum ist der Zug entgleist? Was braucht es, um ihn wieder auf die Schienen zu schieben?

So wenig bleibt übrig…
Und so viel Leid. Das kann ich meinen Leuten nicht antun.

Willkommen Laura
Hallo, Laura.
Hoi.
Hast du das Plakat an der Türe gemalt?
Nein, das war deine Vorgängerin. Die ist jetzt geheilt.
Sie war magersüchtig.
Und warum bist du hier?

Darum.
Ich lerne hier, mich nicht mehr zu verletzen, sondern anders mit meinen Problemen umzugehen.
Und du?
Depro.
Wir haben hier einen geregelten Tagesablauf …
… du wirst deinen Schulstoff weiter verfolgen …
… es gibt Zeichnen, Werken und Singen …

… sportliche Betätigung …
… wir essen gemeinsam …
… und alle beteiligen sich an der Hausarbeit.
Die Ereignisse des Tages werden aufgeschrieben und in der Gruppe besprochen.
Kommst du zum Singen?
Muss das sein?
Laura hat eine wunderschöne Stimme.
?
Finde ich auch.

Umweltfaktoren, die schwer auf der Seele lasten können

Erfolgsdruck

Etwa 500 Menschen weltweit sind Supermodels. Milliarden sind es nicht und quälen sich durch schädliche Diäten und Minderwertigkeitskomplexe. Übertriebene Anforderungen an das eigene Aussehen oder an die Leistungen in der Schule treiben viele Jugendliche zur Verzweiflung. Schlechte Noten oder der Verlust der Lehrstelle haben oft eine lähmende Wirkung.

Wer bin ich? Bin ich normal?

Fast jeder und jede findet bei sich Eigenheiten, die anders sind als bei andern. Das Annehmen der eigenen Persönlichkeit wird besonders schwierig, wenn die Eltern aus einer anderen Kultur Regeln mitgebracht haben, die im Leben hier nicht gelten. Auch die Erkenntnis der eigenen Homosexualität ist zumindest am Anfang schwierig, weil alte Freundschaften zerbrechen können und neue Verbindungen erst gefunden werden müssen.

Gruppendruck

Mobbing in der Schule oder in der Lehre ist ein Horror. Das Opfer wird mit fiesen Methoden fertig gemacht, leidet Höllenqualen, und die Täter geniessen ihre Macht. Um das Schweigen zu brechen und Hilfe zu holen, braucht es genau jenen Mut, der dem Opfer abhanden gekommen ist. Auch Hochbegabte werden oft gemobbt. Die Gruppen rächen sich dort, wo sie stark sind, beim Spielen oder im Sport.

Verluste

Ob ein geliebter Mensch gestorben oder eine Liebe in die Brüche gegangen ist – zurück bleibt eine Wunde, die lange schmerzt. Es braucht viel Zeit und Kraft, sich Neuem zuwenden zu können. Auch ein Umzug bedeutet Abschied vom bisherigen Leben. Besonders schwierig wird dieser Wechsel nach einer Scheidung, wenn das gewohnte Familiengefüge auf der Strecke bleibt.

Familienprobleme

Zuwendung von den Eltern ist als Rückendeckung bei Schicksalsschlägen besonders wichtig. Die Eltern sollten Sicherheit vermitteln. Sollten! Haben sie eigene Probleme, bleibt für die Kinder oft wenig Liebe und Geborgenheit übrig. Sie übertragen eher eigene Zukunftsängste auf die Kinder. Besonders schwer haben es Opfer von Gewalt und von sexueller Ausbeutung. Wenn der Täter zudem aus der eigenen Familie kommt, fehlt jeglicher Halt.

Drogen

Stimmungsaufheller wirken nur kurzfristig, und nach dem Abflauen ihrer Wirkung ist die Fallhöhe umso grösser. Mit der nächsten oder stärkeren Dosis beginnt die Abhängigkeit. Da multiplizieren sich die Probleme und erreichen ein Ausmass, dass zuerst das dabei entstandene Drogenproblem gelöst werden muss, ehe die Therapie wirksam werden kann.

Neben deinem Neuen habe ich keinen Platz mehr.
Weisst du Laura, mir tut es auch Leid, dass dein Vater weg ist, aber das können wir nicht ändern. Ich konnte ihn nicht zurückhalten.
Versuche doch, Daniel eine Chance zu geben. Er erkannte deine Depression, als ich sie noch nicht bemerkte. Ich bin ihm ewig dankbar dafür.
GESBERICHT
DAS GUTE ERKENNEN:
Daniel ist sehr aufmerksam
Laura, du hast Besuch.
Julia!
Schön, dass du gekommen bist. Ich hab dich so vermisst.
Ich dich auch. Und wie!

Das habe ich mir ganz anders vorgestellt.
Jetzt weiss ich, warum du am See so komisch reagiert hast.
Ich hatte nur noch Fabio im Kopf und bemerkte nicht, wie schlecht es dir ging.
Ich hab dir ja auch nichts erzählt davon.
Erst jetzt weiss ich, wie wichtig es ist, mit jemandem darüber zu reden!
Wir haben in der Schule über Depressionen gesprochen. Petras Bruder hatte auch eine und Maja aus der Parallelklasse ist deswegen in Therapie.
Echt? Ich dachte, ich sei die Einzige!
Wenn das früher ein Thema geworden wäre, würde Fabio vielleicht noch leben. Ich vermisse ihn sehr.
Und wie geht es dir jetzt?
Ich kann Fabio nie vergessen. Aber jetzt bist du wichtig!

Schweigen ist Silber, Reden ist Gold

Während einer depressiven Störung ist es wichtig, mit einer Vertrauensperson über die Gefühle und die Verzweiflung zu reden. Du brauchst einen Gefährten, der dich durch die Hölle begleitet, damit du deinen Schreckensbildern nicht allein ausgeliefert bist. Glaubst du noch an mich? Wird es wieder gut kommen? Für diese immer wiederkehrenden Fragen brauchst du eine starke Person, die gut zuhören, mitdenken und mitfühlen kann, die den Mut und die Nerven nicht verliert, die an dich glaubt und der du vertraust. Wer eignet sich dazu?

Viele **Erziehungsberechtigte** reagieren hysterisch oder mit hilflosen Ratschlägen. Dann ist das Reden verlorene Liebesmühe. Wenn sie sich aber über Depressionserkrankungen kundig machen, wenn sie Fachleute kontaktieren, in Krisen verfügbar sind und sich Zeit nehmen für Gespräche, dann zögere nicht, diesen Rettungsanker zu packen.

Grosseltern haben weniger Erfolgsdruck und mehr Erfahrungen auf dem Buckel – vielleicht sogar mit Depressionen. Dann rennst du bei ihnen offene Türen ein.

Freundinnen und Freunde sind ein Bollwerk gegen die Angst. Aber eine Depression kann Gleichaltrige leicht überfordern. Eine ältere Person, die das Chaos der Pubertät bereits hinter sich hat, kann da besser standhalten.

Andere Depressive wissen wenigstens, von welchen Abgründen du redest. Auch die Hölle ist bewohnt – durch die fünf Prozent depressiver Jugendlicher sogar ziemlich dicht. Aber Vorsicht vor dem gegenseitigen Herunterziehen und vor Verabredungen zum gemeinsamen Selbstmord. Das verbaut den Weg zur Heilung und zurück ins Leben.

Ehemalige Depressive dagegen sind ideale Gesprächspartner. Nachdem sie ihre eigene Krise gemeistert haben, sind sie voller Kraft und Energie und verspüren oft einen Drang, anderen zu helfen.

Laura vertraut ihre Sorgen dem verschwiegenen Freund **Tagebuch** an und zeichnet. Das ist besser als gar nichts.

Wie lange muss ich die Medis noch nehmen?
Bis du entlassen bist und du dich draussen…
… wieder gut zurechtfindest und ganz sicher bewegst.
Ich weiss jetzt, wie ich die ersten Anzeichen erkenne und was ich dann tun muss.
grrr krächz!
Haha…

Der Weg zurück in den Alltag

Keine Klinik entlässt ihre Patientinnen und Patienten, ohne sich zuvor um die Nachbetreuung und die anschliessende Therapie zu kümmern. Vor der Rückkehr in die Schule werden Gespräche mit der Klasse geführt, vor der Rückkehr in die Familie mehrere Gespräche mit den Eltern. Allen wird klar gemacht: Hier war eine Krise, die jetzt behoben ist. Viele Menschen können erst zu ihren eigenen Krisen stehen, nachdem der Bann gebrochen ist und über Depressionen gesprochen werden darf.

Laura hat in der Klinik die Hilfe zur Selbsthilfe gelernt und kann ihren Problemen jetzt anders begegnen. Aber bis sie wirklich gut damit umgehen kann und wieder sicher im Leben steht, wird sie in ihrer Freizeit eine ambulante Therapie besuchen.

Wir wollen deine Rückkehr feiern.
Daniel kocht dein Lieblingsessen.
Und ich hole euch eine Flasche Wein aus dem Keller.
Schatten, haut ab. Ihr macht mir keine Angst mehr!

Hier ist er.
Ich zieh mich um. Julia hat heute Modern Dance, und das will ich mir ansehen.
Schade, wir haben uns auf dich gefreut.
Voilà!
Wow. Warst du in der Schönheitsklinik?
Das schmeckt super! Darauf habe ich mich lange gefreut.

Ich muss leider los.
Tschüss, Schatz.
Du bist ein cooler Typ, Daniel. Prima, dass du da bist!
Und Tschüss.

Depression, was ist das?

Wer kennt sie nicht, die Tage, an denen nichts mehr geht und nichts mehr Freude macht? Ich habe den Blues, sagen die Amerikaner, wenn ihre Stimmung der schwermütigen Musik gleicht. Die Franzosen nennen es Cafard. So heissen auch die ekelhaften Küchenschaben, die aus dem Nichts auftauchen, sich in allen Ritzen einnisten und sich kaum mehr vertreiben lassen. Fast wie die traurige Stimmung.

Manche Depressionen kommen wirklich aus dem Nichts, sind ohne Vorwarnung einfach da. Öfter aber hat sich die Trauer über irgendeinen Schicksalsschlag in der Seele eingefressen und die Talfahrt ausgelöst. Jeder Mensch erlebt Rückschläge, aber nicht alle können sie durch Weinen, Wüten und Toben verarbeiten. An schwierigen Lebensbedingungen herrscht in den Jahren des Erwachsenwerdens sowieso kein Mangel, weil Probleme, Stress und Enttäuschungen meist gleich im Multipack auftreten. Da kann Liebeskummer oder eine verpatzte Prüfung reichen, um eine depressive Spirale auszulösen.

Es beginnt mit Grübeln, Schuldgefühlen und Minderwertigkeitskomplexen. Die Betroffenen fühlen sich als Versager; alles erscheint ihnen sinnlos. Trauer ist ein normales Gefühl und gehört zu jedem Leben. Wenn jemand aber in ein seelisches Loch fällt und nicht mehr herausfindet, wenn sich die düsteren Gedanken ausweglos nur noch im Kreis drehen, dann liegt vermutlich eine Depression vor. Depression ist eine Krankheit, die das Selbstwertgefühl aushöhlt, an der Lebensenergie zehrt und die ganze Lebensfreude wegfrisst. Alles scheint hoffnungslos, jede Anstrengung umsonst.

Etwa fünf Prozent der Jugendlichen leiden an Depressionen, oft ohne Unterstützung, weil ihre Krankheit nicht erkannt wird. Jeden dritten Tag nimmt sich in der Schweiz ein junger Mensch das Leben. Jedes Jahr versuchen 15 000 bis 20 000 Jugendliche, sich umzubringen und überleben – viele mit bleibenden Schäden. Dabei gäbe es bei dieser Krankheit Hilfe und Heilung. Richtig behandelt kann eine Depression vorübergehen und der Lebensfreude wieder Platz machen.

Dieser Comic befasst sich mit den Merkmalen zur Erkennung der Krankheit und den Hilfsangeboten, die zur Heilung beitragen. Er wirft Halteseile und Rettungsringe ins Meer der Depressionen und ruft Ertrinkende dazu auf, sie zu ergreifen.

Selbstbeobachtungen

- Scheint dir alles im Leben sinnlos?
- Siehst du keine Perspektiven mehr?
- Hast du ein Gefühl von Gefühllosigkeit?
- Macht es dir Mühe, morgens aufzustehen?
- Hast du gar keine oder nur noch diffuse Zukunftsaussichten?
- Fehlt dir der Antrieb, Dinge anzupacken?
- Ist dir alles zu viel, nichts mehr leistbar?
- Bringt dich jeder Frust aus der Fassung?
- Verdirbt dir eine Kleinigkeit den ganzen Tag?
- Hast du keine Freunde mehr?
- Fühlst du dich von deiner Umwelt isoliert?
- Konsumierst du täglich Alcopops oder Bier?
- Kennst du keine Lust mehr ohne Drogen?
- Hängst du nur noch am Fernseher oder Computer?
- Antwortest du nicht mehr auf SMS, rufst nie zurück?
- Brichst du Kontakte zu Jugendgruppen ab?
- Werden dir Vereine zu viel, zu stressig?
- Kannst du dich auf nichts mehr konzentrieren?
- Brauchst du einen Joint, um dich zu andern zu wagen?
- Überlegst du dir, ob es noch Sinn macht zu leben?
- Findest du dich überflüssig?
- Kreisen deine Gedanken um den Sinn des Daseins?
- Hegst du Pläne, deinem Leben ein Ende zu setzen?

Wenn mehrere Punkte über längere Zeit auf dich zutreffen, brauchst du vermutlich Hilfe. Scheue dich nicht, sie dir zu holen. Es ist besser, einmal zu viel mit Fachleuten zu reden als gar nicht oder zu spät. Früherkennung erleichtert die Behandlung, denn es ist einfacher, einen kleinen Müllhaufen zu entsorgen als einen grossen.

Hilferufen

Die wichtigste Nummer für den Notfall: Telefonhilfe 147

Da die Verzweiflung zu jeder Tages- und Nachtzeit überhand nehmen kann, stehen die Mitarbeiterinnen und Mitarbeiter der Telefonhilfe für Kinder und Jugendliche an 365 Tagen im Jahr rund um die Uhr im Einsatz. Sie beantworten jährlich 90 000 Anrufe und reagieren auf akute Notlagen, seien es nun Suizidgedanken, sexuelle, psychische oder physische Gewalt, Liebeskummer, Probleme mit den Eltern oder der weiteren Umwelt, mit dem Erwachsenwerden, mit der Sexualität, mit der Identitätsfindung oder was das Leben sonst noch an Schwierigkeiten zu bieten hat. Die Anrufe sind gratis, sogar von öffentlichen Telefonkabinen aus. Und sie sind diskret. Niemand muss seinen Namen preisgeben.

Manchmal reicht ein persönliches Gespräch mit einer kompetenten Person am Telefon. Wo Zuhören und Beraten nicht genügen, kann eine genauere Abklärung in einem Krisenzentrum nötig werden. Die Fachleute von 147 sind darin geschult, Notlagen zur erkennen, weitere Schritte abzuklären und rund um die Uhr Kontakte zum nächstgelegenen Hilfsangebot in deiner Region zu vermitteln. Da sie in der ganzen Deutschschweiz vernetzt sind, kennen sie überall die Adressen von Beratungsstellen und Hilfsangeboten samt deren Öffnungszeiten. Das ist wichtig, denn nachts sind andere Jugendberatungen auf Pikett als tagsüber. Irgendwo in deiner Gegend ist immer ein Zentrum für Kinder- und Jugendpsychiatrie erreichbar, das dich bei deinen Sorgen unterstützt. Du musst nicht alle Probleme allein ertragen und bewältigen.

Hilfeschreiben

Internette Jugendberatung: www.tschau.ch

Wer besser über seine Probleme schreiben als reden kann, ist beim Beratungsteam von tschau.ch an der richtigen Adresse. Auch hier unterstehen die Mitarbeiterinnen und Mitarbeiter der Schweigepflicht. Auch hier ist die Anonymität gewährleistet. Du musst dich zwar zu Beginn registrieren und ein Passwort eingeben, aber das kann ein Pseudonym sein. Nur vergessen darfst du dein Passwort nicht! Du brauchst es drei Arbeitstage später, um deine persönliche Antwort abzuholen. Lohnend ist auch ein Ausflug ins Fragen-Archiv, wo wichtige Themen von Jugendlichen angesprochen werden samt den Antworten der zuständigen Spezialistinnen und Spezialisten im Expertenteam. Sie unterstützen Eigenverantwortung und positive Veränderungen.